DIE REIHE
Archivbilder

LINZ
„OBJEKTIV" GESEHEN

Willibald Katzinger und Fritz Mayrhofer

SUTTON VERLAG

Sutton Verlag GmbH
Hochheimer Straße 59
99094 Erfurt
http://www.suttonverlag.de

Copyright © Sutton Verlag, 2003

ISBN 3-89702-519-1

Druck: Midway Colour Print, Wiltshire, England

DIE REIHE
Archivbilder

LINZ
„OBJEKTIV" GESEHEN

Inhaltsverzeichnis

Einleitung	7
1. Im Wandel der Zeiten	9
2. Monarchie – Republik – Ständestaat – NS-Diktatur – Republik	27
3. Von Krieg und Frieden	45
4. Menschen und Maschinen	59
5. Märkte – Messen – Feste	69
6. Zu Wasser und zu Land	79
7. Die Unterstadt	97
8. Menschen und Schicksale	101
9. Der Jugend eine Chance	109
10. Lust des Lebens	117

Einleitung

Linz „objektiv" gesehen ist eine Auswahl von Fotografien aus den Beständen des Archivs der Stadt Linz und des Nordico-Museums der Stadt Linz, deren Entstehungszeit von der Mitte des 19. bis zur Mitte des 20. Jahrhunderts reicht.

Über die Anfänge der Fotografie wusste man in der Stadt an der Donau schon 1839 Bescheid. Die „Linzer Zeitung" brachte häufig Berichte. Noch im selben Jahr hat, wenn man der Formulierung in den Berichten glauben darf, der Apotheker Anton Hofstätter dem Museumsverein mehrere selbst angefertigte Bilder übergeben. Der 1850 gegründete Kunstverein präsentierte sehr früh Fotografien in seinen Ausstellungen. Viele von ihnen waren nachträglich koloriert und so in den Olymp der Kunst gehoben worden.

Besonders die Porträtfotografie machte den Malern unliebsame Konkurrenz und so ist es nicht zu verwundern, dass einige von ihnen selbst auf diese Technik umsattelten. Für Linz ist in diesem Zusammenhang besonders der akademische Maler Leopold Zinögger zu nennen, der ab 1856 seine fotografischen Dienste anbot. Der erste ortsansässige, hauptberufliche Fotograf war jedoch Eduard Pfeiffer, der sein Atelier ab 1852 im Nordico eingerichtet hatte.

Bis zur konsequenten Anwendung der neuen Technik für die Landschafts- und Städtedarstellung sollte es noch ein Jahrzehnt dauern. Im Jahre 1860 bot Josef Mayer, Schauspieler am Landestheater, ein „Photographisches Album" mit zwölf Ansichten von Linz und Umgebung an. Es war erster Vorläufer der vorliegenden Publikation.

In den beinahe eineinhalb Jahrhunderten, die seither ins Land gezogen sind, hat sich der Bestand an verfügbaren Fotos ins Zigtausendfache vermehrt, sodass diesmal die „Kunst" in der Auswahl lag. In zehn Kapiteln wurde versucht, eine Balance zwischen Alltag und Highlights städtischen Lebens herzustellen, im Positiven wie im Negativen. Der überwiegende Teil der hier präsentierten Fotos ist bisher noch nie publiziert worden und bedeutet auch für versierte Linz-Kenner absolutes Neuland. Besonders ergiebig waren die Sammlungen Wimmer, Schwarz und Stenzel. Letztere haben als Berufsfotografen ihren Nachlass der Stadt vermacht. Unverkennbar ist die höhere technische Qualität der älteren, auf Glasnegativen hergestellten Fotos.

Die Autoren danken allen Helfern, die sie bei ihrer Arbeit unterstützt haben, sei es in den jeweiligen Institutionen oder sei es im Verlag.

Willibald Katzinger
Fritz Mayrhofer

1
Im Wandel der Zeiten

Linz wurde bis an den Beginn des 20. Jahrhunderts gern als überdimensionierte bajuwarische Bauernstadt bezeichnet und weil es sich eben so ergab, unablässig mit Provinz gereimt. Tatsächlich war das Stadtgebiet mit rund sechs Quadratkilometern bis in die zweite Hälfte des 19. Jahrhunderts relativ klein. Neue Verkehrsmittel und die damit verbundene Industrialisierung schluckten nach und nach die Vororte und Vorstädte und vergrößerten das Stadtgebiet allmählich auf seine heutige Ausdehnung. Der in unmittelbarer Stadtnähe befindlichen ländlichen Idylle wurde damit ein Ende gesetzt. Nur wenige unberührte Naturreservate haben sich bis heute erhalten. Neue Stadtteile entstanden vielfach auf der grünen Wiese, um die Wohnbedürfnisse der vor allem während des Zweiten Weltkrieges sprunghaft angestiegenen Bevölkerung decken zu können. So hat jede Epoche mit ihren Bauten ihre Handschrift im Stadtbild hinterlassen.

Noch um 1860 zeigt sich die Nordseite des Hauptplatzes zur Donau hin mit dem Vielguthhaus und dem Spindlerhaus in ihrem überwiegend barocken Kleid.

Das noch unregulierte Schmidtor (von der Südseite des Hauptplatzes und vom Taubenmarkt aus gesehen) bildete bis 1860 ein großes Hindernis für den zunehmenden Verkehr.

Am 1. Mai 1862 erfolgte die feierliche Grundsteinlegung des von Bischof Rudigier initiierten Mariä-Empfängnis-Domes.

Nach den Intentionen Bischof Rudigiers sollte die neue Domkirche ein Gotteshaus für alle Brüder und Schwestern der Diözese werden. Arbeiten am Bau des Kapellenkranzes, 1879.

Die Landstraße bei der Mozartkreuzung in den Siebzigerjahren des 19. Jahrhunderts. Eine „verkehrsberuhigte Zone" von anno dazumal.

Stolz posiert das Publikum dem Fotografen auf dem Hauptplatz beim Eingang zur Hofgasse, um 1869. Die lange Belichtungszeit verlangte Stillstand-Disziplin.

Einblicke in ein Dorf. Der Ortskern von Kleinmünchen mit der alten Quirinuskirche an der Dauphinestraße in der zweiten Hälfte des 19. Jahrhunderts.

Noch bis zum „Anschluss" im Jahre 1938 konnte der Landwirt vor der Landesfrauenklinik an der Ledererstraße sein Feld bestellen.

Ein Markttag auf dem Hauptplatz, um 1900. Straßenbahn und Handwagen der Marktgeherinnen dominieren das Bild.

Eine „Luftaufnahme" vom damaligen Markt Urfahr im Jahre 1878. Kein Ballon oder Flugzeug ermöglichte die Aufnahme, sondern der Standplatz des Fotografen auf dem Freinberg.

Nicht nur in Wien, sondern auch am Linzer Hauptplatz warteten „Taxis" mit zwei PS geduldig auf Kundschaft.

Das „Shopping-City-Center" Urfahrs an der Rudolfstraße zu Beginn des 20. Jahrhunderts: Spedition, Möbelhaus, Fleischhauerei, Gasthaus und Modegeschäft auf wenigen Quadratmetern.

Der heutige Bernaschekplatz, zur Zeit seiner Anlage nach der Mitte des 19. Jahrhunderts als Neuer Marktplatz bezeichnet, Richtung Südosten mit der Flussgasse und der Halbgasse.

Adalbert Stifters Weg nach Kirchschlag am Eingang zum Haselgraben. Das Bild entstand 1853.

Als 1850 das Rathaus des Marktes Urfahr gebaut wurde, gab es nur einen einzigen Gemeindeangestellten. Den Rest des Hauses belegten Steueramt und Bezirksgericht.

Wo heute der Verkehr über die Stadtautobahn (A7) im Gebiet des Industriegeländes braust, herrschte um 1900 noch eine völlig ländliche Idylle beim Unterpriemergut.

Waschtag an der Zellerstraße in Urfahr.

Es klapperte die Mühle zwar nicht am rauschenden Bach, aber einstens in Bachl, wie diese Aufnahme aus dem Jahre 1905 zeigt.

Beim Leutgöb in St. Peter gab's vor der Zerstörung des Dorfes noch einmal Nachwuchs.

Auch sie zählten im Jahre 1937 noch zur Zukunft des Dorfes St. Peter.

Sehen und gesehen werden war die Devise auf der Landstraße. Ein Blick vom Taubenmarkt Richtung Süden im Jahre 1903.

Bis 1903 konnte man sich auf der Hagenstraße noch gefahrlos bewegen. Es handelte sich nämlich ursprünglich um eine Sackgasse.

Aus dem stattlichen Herrenhaus an der Landstraße entstand später (1898) das Kaufmännische Vereinshaus.

Kultur ist zeitlos: der im Biedermeier gegründete OÖ. Musealverein bekam mit dem Museum Francisco-Carolinum erst 1884 bis 1895 eine würdige Heimstatt.

Der Großzügigkeit des Industriellen Ludwig Hatschek war es zu danken, dass die Sandgruben am Abhang des Bauernberges noch vor dem Ersten Weltkrieg zu einer Erholungsanlage umgestaltet wurden.

Der Hessenplatz mit dem Neptunbrunnen (1910) als Zentrum des in der zweiten Hälfte des 19. Jahrhunderts entstandenen Neustadtviertels.

Winteridylle im Volksgarten mit der Eisenbahndirektion im Hintergrund (oben) und auf dem Pöstlingberg (unten).

Der Bau des Finanzgebäudes Ost im Jahre 1941. Auf dem Linzer Brückenkopf stehen hinter der Verschalung die Gipsattrappen von Siegfried und Kriemhild.

Länger als in anderen Städten des „Reiches" durften in Linz Wohnbauten errichtet werden: Die Karlhofsiedlung im Entstehen, 1939.

Für die Wartenden ein Vergnügen: die 1954 fertig gestellte Überdachung bei der Abfahrt der „Bundesbahner". Die Postautos bestieg man auf der anderen Seite des Bahnhofsplatzes.

Beseitigung der letzten Bombenruinen in der Altstadt, 1959. Der „Alte Markt" entsteht.

Die Schaffung von Wohnraum war nach dem Zweiten Weltkrieg das Gebot der Stunde. Das Hochhaus an der Rilkestraße, 1959.

In einem kühnen S-Schwung wurde Ende der Fünfziger- und Anfang der Sechzigerjahre eine neue Siedlung entlang der „autogerechten" Muldenstraße angelegt.

2
Monarchie – Republik – Ständestaat – NS-Diktatur – Republik

Die erste Hälfte des 20. Jahrhunderts änderte die politische Landschaft in Österreich grundlegend. Das Ende der Monarchie (1918) brachte „einen Staat, den keiner wollte", nämlich eine Republik, an die viele nicht so recht glauben mochten. Der seit 1934 autoritär agierende christliche Ständestaat wurde vom noch viel autoritärer und brutaler sich gebärdenden Nationalsozialismus 1938 abgelöst, bis 1945 wieder demokratische Verhältnisse Platz greifen konnten. Vier Änderungen des Systems innerhalb von nur 27 Jahren, bei denen Linz sehr oft im Mittelpunkt des historischen Geschehens stand, so 1934 beim Ausbruch des Bürgerkrieges und 1938 beim Einmarsch der deutschen Truppen.

Der Übergang von der Monarchie zur Republik ging nicht ohne Demonstrationen ab, wie hier in der Klosterstraße im November 1918.

Bei einem Aufenthalt am 9. Juni 1903 besuchte Kaiser Franz Joseph mit Bischof Franz Sales Doppelbauer auch den Neubau des Mariä-Empfängnis-Domes.

Demonstration vor dem Landhaus im Jahre 1905 für die Einführung des allgemeinen, gleichen und geheimen Wahlrechts.

Die schlechte Versorgungslage führte 1919 wiederholt zu Plünderungen und Protesten. Davon waren auch Geschäfte an der Landstraße betroffen.

Nach jahrzehntelangem Ringen fanden Linz und Urfahr doch zusammen. Die Eingemeindungsfeier im Hotel „Pöstlingberg" wurde 1919 von den politischen Mandataren beider Städte feierlich begangen.

Bei der Republikfeier der Sozialdemokratischen Partei am 12. November 1928 trat der Republikanische Schutzbund stark in Erscheinung.

Auch die Nationalsozialisten marschieren in der Herrenstraße, 1930.

Aufmarsch der Heimwehr im Oktober 1928.

Mit Ausspeisungsaktionen wollte der christliche Ständestaat die Bevölkerung für sich gewinnen.

12. Februar 1934: Der Stahlhelm des erschossenen MG-Schützen Rudolf Kunst im Hotel „Schiff" (oben) und MG-Stellung des Bundesheeres in der Rathausgasse (unten).

Bundeskanzler Dr. Dollfuß, hier mit Landeshauptmann Dr. Heinrich Gleißner, spricht bei einer Kundgebung am 29. April 1934.

Der christliche Ständestaat feierte am 1. Mai 1935 auf dem Hauptplatz den Verfassungstag.

„Alte Kämpfer" am Tag vor der nationalsozialistischen Machtergreifung im Linzer „Märzenkeller".

Noch vor der „Anschlussabstimmung" trifft Adolf Hitler am 7. April 1938 in Linz ein und wird vor dem Bahnhof begrüßt. Rechts von ihm Gauleiter August Eigruber.

Für die Abstimmung über den „Anschluss" Österreichs an das Deutsche Reich am 10. April 1938 wurde kräftig die Werbetrommel gerührt.

Als Massenspektakel wurde von den Nationalsozialisten der erste Eintopfsonntag am 11. Dezember 1938 aufgezogen. Die Spenden kamen dem Winterhilfswerk zugute.

Reichspogromnacht in Linz, 9./10. November 1938: Die brennende Synagoge an der Bethlehemstraße.

Von Anfang an waren für den Aufbau der Industrie und die Verwirklichung des Wohnbauprogramms Fremd- und Zwangsarbeiter im Einsatz.

Mitglieder der NS-Frauenschaft betreuten ehrenamtlich die Kleiderumtauschstelle, 1944.

Tschechinnen beim Aufräumen der Zimmer im städtischen Arbeiterlager in Dornach, 1940.

Für die vielen Displaced Persons (Vertriebene) war die Baracke an der Goethestraße 63 nach dem Krieg die erste Anlaufstation.

Reichsdeutsche warten auf dem Bahnhof Kleinmünchen auf ihre Repatriierung nach Deutschland.

Acht Jahre lang war Linz eine geteilte Stadt. Der russische (oben) und der amerikanische Kontrollposten (unten) auf der Nibelungenbrücke.

Der erste Maiaufmarsch der Sozialistischen Partei nach dem Zweiten Weltkrieg im Jahre 1946.

Beim Internationalen Frauentag am 8. April 1951 demonstrieren Frauen auf dem Hauptplatz für Frieden und Freiheit.

Das Überleben für die Bevölkerung nach dem Krieg war nur durch die Hilfe der Amerikaner und anderer Nationen möglich.

In der Nachkriegszeit kam der Volksküche bei der Versorgung der Bevölkerung große Bedeutung zu.

Die Aufhebung der Kontrolle an der Zonengrenze durch die Russen im Juni 1953 war Landeshauptmann Dr. Gleißner mit Elmire Koref, der Gattin des Linzer Bürgermeisters, ein Tänzchen auf der Nibelungenbrücke wert.

Die Bürgermeister Markl und Koref, der Beauftragte der Zivilverwaltung Mühlviertel Blöchl und Landeshauptmann Gleißner machen dafür dem russischen Kommandanten ihre Aufwartung.

Innenminister Oskar Helmer inspiziert 1947 die Polizei auf dem Gelände des Hühnersteigs.

Der neu gewählte Bundespräsident Adolf Schärf besuchte am 23. November 1957 Linz. Gemeinsam mit Landeshauptmann-Stellvertreter Ludwig Bernaschek (links) und Bürgermeister Ernst Koref (rechts) auf der Terrasse oberhalb des Schlosses.

Landeshauptmann Heinrich Gleißner und Bürgermeister Ernst Koref freuen sich mit den Goldhaubenträgerinnen über die Wiederaufnahme der Personenschifffahrt nach Wien, 1952.

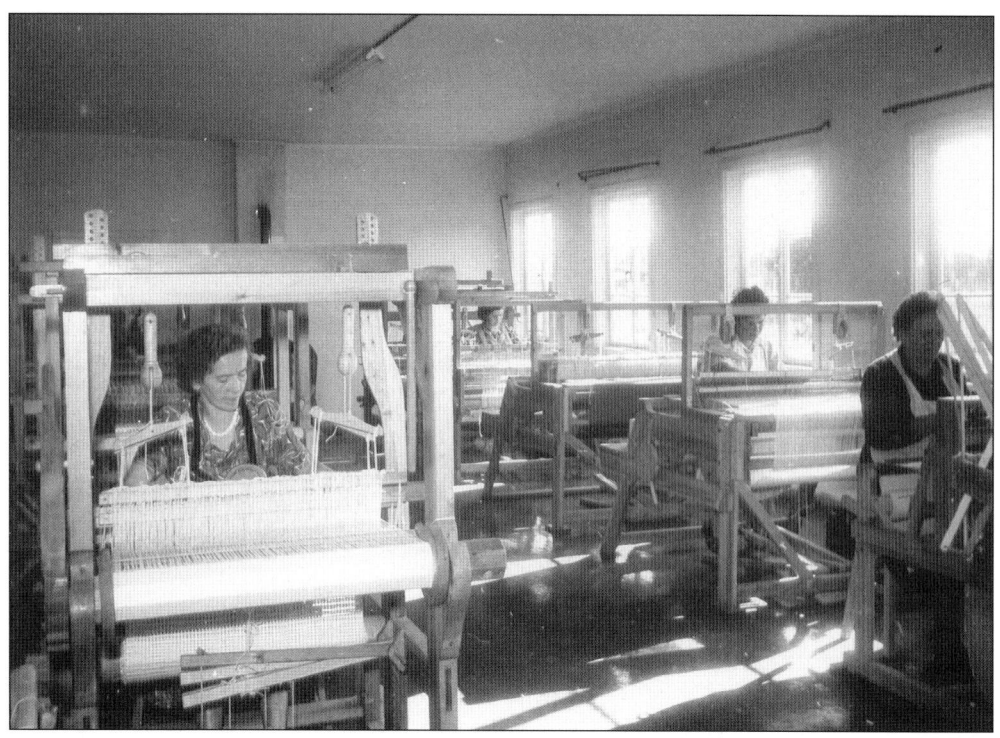

Von der schwedischen Mission betreute Ungarnflüchtlinge, 1956.

3
Von Krieg und Frieden

Der Zauber der Montur hat auch in Linz seine Wirkung nicht verfehlt. Soldaten und Offiziere prägten im 19. Jahrhundert das gesellschaftliche Leben in der Stadt. Doch schon zu Beginn des 20. Jahrhunderts zeigte sich eine neue militärische Größenordnung: der Weltenbrand von 1914 bis 1918. Noch kämpften die Truppen an der Front, während das Hinterland von den Kampfhandlungen verschont blieb, aber hungerte. Mit dem Luftkrieg zwanzig Jahre später verwischten sich die Grenzen zwischen Front und Hinterland. Der Tod lauerte dann überall. Das Schlagwort vom „Zweiten Weltkrieg" setzte mit neuen, globalen Schrecknissen abermals neue Dimensionen. Im Schatten der Kriegshandlungen wurde mit dem Holocaust der absolute Tiefpunkt humaner Moral und menschlichen Handelns erreicht. Linz hat als „Patenstadt des Führers" und als neues Rüstungszentrum des „Dritten Reiches" stärker als andere österreichische Städte unter dem Bombardement der Alliierten gelitten, vom Aufbau der Stahlindustrie letztendlich aber auch profitiert.

Eine Flak-Stellung in der Umgebung von Linz, 1944.

Fahnenweihe des Tiroler Kaiserjäger-Regiments, 1895.

Die Gepäckstrossabteilung ist im Jahre 1914 marschbereit.

Die 3. Kompanie des 40. Feldhaubitzen-Regiments wartet auf die Verlegung an die Front, 1914.

Abmarsch der „Vierzehner", des Linzer Hausregiments der Hessen, in den Krieg, 1914.

Vereidigung der OÖ. Freiwilligen Schützen im Hof des Landhauses, 1915.

Das Kriegsgefangenenlager auf den Poschacher-Gründen an der Wiener Straße, 1915.

Vor der Landwehrkaserne an der Derfflingerstraße für die Heeresverwaltung abgelieferte Kirchenglocken.

Wie die Linzer ihren eisernen Wehrmann hatten, stellten die Urfahrer am 13. Juni 1916 einen kleinen Minenwerfer auf dem Hinsenkampplatz auf. Seine Benagelung brachte 5.000 Kronen für die Kriegsfürsorge ein.

Ein Donaumonitor, ein Kriegsschiff, lag 1904 am Linzer Umschlagplatz vor Anker.

Die Monte-San-Gabriele-Feier der ehemaligen Hessen am 16. September 1923 auf dem Hauptplatz.

Pioniere des Bundesheeres beim Brückenschlag in der Zizlauer Au.

Einmarsch der deutschen Truppen am 12. März 1938. Ein deutscher Panzerspähwagen auf der Landstraße beim Volksgarten.

Gespannt lauscht eine Schar auf der Landstraße den neuesten Sondermeldungen aus dem Rundfunk.

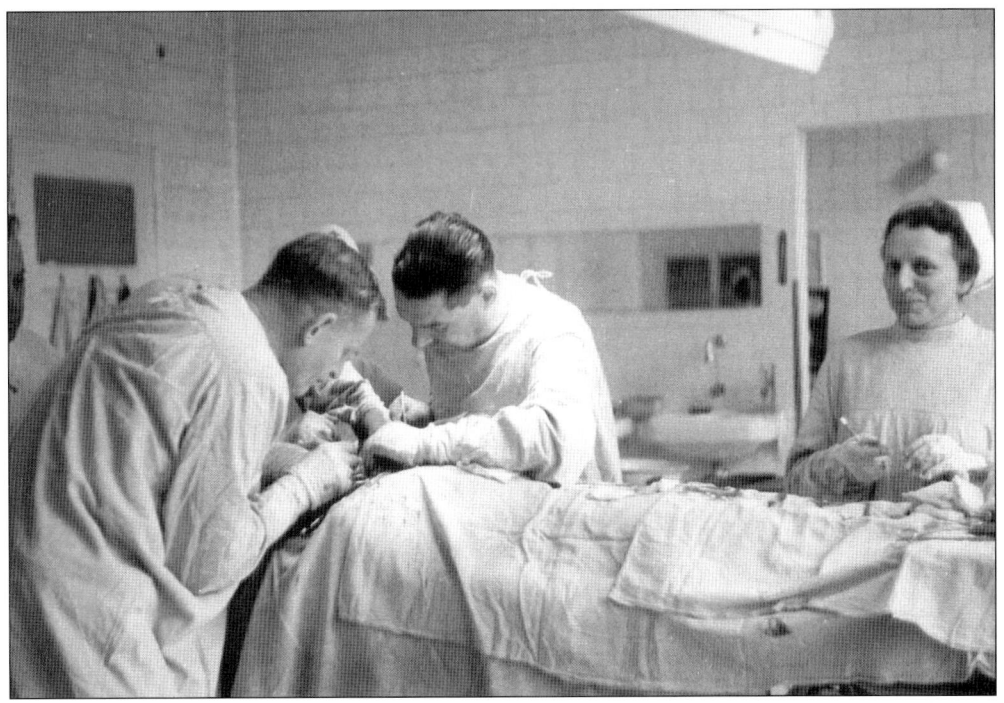

Durch den Luftkrieg mussten im Allgemeinen Krankenhaus Operationen im eigens errichteten Operationsbunker durchgeführt werden.

Mit dem Herannahen der Front war der Bau von Splittergräben ein Gebot der Stunde, 1943.

An Stelle von Wohn- und Prachtbauten musste 1944 wie hier auf dem Hauptplatz der Bau von Luftschutzstollen forciert werden.

Ein beim ersten Luftangriff auf Linz am 25. Juli 1944 in den Hermann-Göring-Werken abgeschossenes amerikanisches Flugzeug.

Sportliche Betätigung zwischen den Geschützen einer Flakbatterie in der Umgebung von Linz, 1944.

Die nicht ungefährliche Arbeit des Stollenvortriebs in den Bauernberg mussten KZ-Häftlinge verrichten.

Entwarnung nach dem letzten Luftangriff auf Linz am 25. April 1945. Menschen auf der Wiener Straße bei der Herz-Jesu-Kirche auf dem Weg zu ihren Wohnungen.

22 Luftangriffe auf Linz brachten Tod und Zerstörung. Die Figulystraße nach dem letzten Bombenangriff am 25. April 1945.

Den ersten Jahrestag der Befreiung Österreichs begingen die amerikanischen Truppen im Mai 1946 mit einer Parade.

Amerikanische Besatzungstruppen an der Krankenhausstraße hinter der Diesterwegschule bei sportlichen Übungen.

Sehnsüchtiges Warten auf den letzten Kriegsheimkehrertransport auf dem Linzer Hauptbahnhof am 15. Oktober 1953.

4
Menschen und Maschinen

Obwohl mit der 1672 gegründeten Wollzeugfabrik der erste und größte vorindustrielle Betrieb am so genannten Ludlarm unweit der Donau stand, ließ die eigentliche Industrialisierung in Linz auf sich warten. Die Bürger hatten sich zu lange auf die wirtschaftliche Kraft ihrer beiden großen Messen zu Ostern und im Spätsommer verlassen, von denen die Stadt das ganze Mittelalter hindurch und bis in die Barockzeit gelebt hatte. Geistliche, Militärs und Beamte machten im 18. und 19. Jahrhundert das Gros der Gesellschaft aus, versorgt von Kaufleuten, Handwerkern und einer großen Schar anderer Dienstleister, die als Tagwerker stets billig zur Verfügung standen. Erst in der zweiten Hälfte des 19. Jahrhunderts wurde Linz stärker von der Industrialisierung erfasst. Zum Begriff „Industriestadt" verhalfen erst die Rüstungsbetriebe der NS-Zeit. Bis dahin dominierten in der Stadt Handel und Gewerbe. Dazu zählten auch Berufe, die heute längst ausgestorben sind oder die man bestenfalls noch aus alten Filmen oder Liedern kennt, wie etwa den Dienstmann.

Flinke Frauenhände waren trotz Mechanisierung in der Tabakfabrik gefragt.

Bescheidene Technik hielt auch in den zahlreichen Wäschereien an den Urfahrer Bächen in der Zwischenkriegszeit Einzug.

Wer selbst die Wäsche waschen musste, konnte dies noch in der Zwischenkriegszeit in der Waschzille an der Oberen Donaulände tun.

Noch nach dem Zweiten Weltkrieg arbeitete an der Kapuzinerstraße ein Holzschuherzeuger.

Der Bohrerschmied Schinwald in seiner Werkstätte an der Hahnengasse.

Der Lebzelter erfreute auch damals Jung und Alt mit seinen Erzeugnissen.

Trotz industrieller Arbeitsformen blieb in den Ziegeleien noch vieles Handarbeit.

Mit seiner rot-grünen Kappe beherrschte der Dienstmann bis zum Zweiten Weltkrieg das Stadtbild.

Der Pfarrplatz war der Umschlagplatz für die aus den verschiedenen Landesteilen nach Linz strömenden Boten.

Die Lokomotivinstandsetzungshalle in der Eisenbahnwerkstätte an der Unionstraße.

Lehrlinge der Firma Mayreder & Kraus werden in der Maurerkunst unterwiesen.

Arbeiter der Mühlenbauanstalt und Eisengießerei Niederdöckl an der Parzhofstraße im Jahre 1925.

Nach dem Ersten Weltkrieg hielt die Technisierung auch in der Landwirtschaft Einzug. Die Erzeugung von Saatreinigungsmaschinen, 1920.

Die Sparkassenbeamten verstanden sich in der Zwischenkriegszeit noch nicht als Dienstleister, sondern als Beamte.

Eine Fährfrau brachte während der Zwischenkriegszeit in St. Margarethen die Passagiere sicher über die Donau.

Warten auf Kundschaft an der Brückenwaage im städtischen Wirtschaftshof an der Derfflingerstraße, 1922.

Der Kohlenträger war noch lange nach dem Zweiten Weltkrieg ein vertrautes Bild in den Straßen.

Während des Baues der Hermann-Göring-Werke (heute voestalpine) wurden sensationelle archäologische Funde gemacht. Ein Grabungsteam ist mit der Fundbergung beschäftigt, 1939.

Noch nach dem Zweiten Weltkrieg wurden bei der Firma Anton Gugg an der Bürgerstraße 32 – Schubertstraße 16 Gussarbeiten durchgeführt.

5
Märkte – Messen – Feste

Die Linzer Märkte, die seit dem Spätmittelalter den Rang von internationalen Messen besaßen, gingen im 19. Jahrhundert zu Ende. An ihre Stelle traten mit den Volksfesten vorerst auf dem Hessenplatz, dann auf dem Südbahnhofgelände neue Formen der Produktpräsentation und des Verkaufs, die sich bis in die Zwischenkriegszeit halten konnten. Nördlich der Donau war es der Urfahrer Jahrmarkt, der in das erste Drittel des 19. Jahrhunderts zurückgeht und nach und nach die Rolle des Linzer Volksfestes übernahm. Ihn gibt es in unveränderter Form heute noch. Jünger, aber dennoch sehr beliebt sind die Weihnachtsmärkte und vor allem die Grünmärkte am Südbahnhof und anderen Plätzen der Stadt.

Der Haupteingang zum Volksfest auf dem Hessenplatz im Jahre 1879.

Im Kaiserpavillon der Gebrüder Hatschek konnte auf dem Volksfest stilvoll der Gerstensaft genossen werden.

Bis zum Jahre 1895 bot der Hessenplatz den Volksfesten eine Heimstatt.

Der Festzug beim oberösterreichisch-salzburgischen Sängerbundfest am 22. Mai 1892 zog die Massen in seinen Bann.

Die Festwagen der einzelnen Gruppen fanden den Beifall des Publikums. Im Bild die Mannschaft des Sängerbundes Gutenberg.

1891 präsentiert sich der Volksgarten noch mit einer Holzeinfriedung.

Die Volksfeste garantierten stets einen Massenandrang beim Publikum.

Die letzte Fronleichnamsprozession in der Monarchie versammelte in der Herrenstraße auch die städtischen Honoratioren.

1938 wurde in St. Peter das letzte Fronleichnamsfest vor dem Bau der Hermann-Göring-Werke gefeiert.

Die Produktpalette auf den Volksfesten schloss auch landwirtschaftliche Produkte mit ein.

Auf dem Südbahnhofgelände bot sich den Volksfesten eine bessere Entfaltungsmöglichkeit.

Marktfierantinnen mit ihren typischen, von Hunden gezogenen Wagen auf dem Weg zum Markt.

Geschäftiges Treiben und Feilschen herrscht beim Spanferkelmarkt, 1952.

Der Transport von Küchenabfällen kann auch sehr beliebt machen, wie man am Beispiel der „Taubenoma" sieht.

Spärlich war das Angebot auf dem Urfahrer Jahrmarkt unmittelbar nach dem Ersten Weltkrieg.

Immer mehr wird der Vergnügungspark Bestandteil des Urfahrer Jahrmarkts.

Schon in den Fünfzigerjahren war der Christkindlmarkt im Volksgarten ein Erlebnis für die Kinder.

Der Blumenkorso zog die Bevölkerung in seinen Bann. Die Blumenkönigin des Jahres 1950 mit ihrem Gefolge auf dem Hauptplatz.

6
Zu Wasser und zu Land

Bis etwa zur Mitte des 19. Jahrhunderts trugen die schiffbaren Flüsse die Hauptlast des Verkehrs. Sie haben die Länder miteinander verbunden, gleichzeitig aber auch getrennt. Ihre Überbrückung zählte zu den größten Herausforderungen der Technik. Die Erfindung der Dampfkraft hat den Landweg per Eisenbahn stärker beeinflusst als die Schifffahrt und ihr zum Siegeszug verholfen. Ein halbes Jahrhundert später wurde durch die Erfindung des Automobils dieser Aufwärtstrend noch verstärkt. Im Bereich der Städte sollte es als individuelles Fortbewegungsmittel alle anderen Fahrzeuge übertrumpfen, allerdings erst im Laufe der Fünfzigerjahre des 20. Jahrhunderts. Schiffe und Eisenbahnen dienen letztlich in erster Linie für „Fernreisen". In dieser Funktion war es schließlich das Flugzeug, das die Geschwindigkeit unserer Mobilität noch einmal gesteigert hat.

Ein Blick auf die Untere Donaulände um 1870 mit dem Wohn- und Sterbehaus Adalbert Stifters.

Bis 1868 überspannte eine Holzbrücke die Donau, deren viele Joche ein großes Hindernis für die Schifffahrt darstellten.

Schon 1934 war die Gitterbrücke von Linz nach Urfahr den Verkehrsanforderungen längst nicht mehr gewachsen.

Arbeiter erneuern 1925 das Tragwerk der Steyregger Brücke.

Die alte Holzbrücke über die Traun in Ebelsberg wurde 1928 durch eine Stahlbrücke ersetzt.

Arbeiter beim Bau eines Brückenpfeilers für die Nibelungenbrücke, 1939.

Zum Herstellen der Uferbefestigung an der Donau bei den Urfahrwänden bedurfte es noch der Muskelkraft, 1932.

Noch 1932 wurde das Holz auf der Donau nach Urfahr geflößt.

Jährlich legt die „Ulmer Schachtel" in Linz an und demonstriert damit das verbindende Element der Donau.

Die Not an Hotelbetten wurde nach dem Zweiten Weltkrieg, durch die Schiffe „Uranus" und „Saturn" gemildert, die an der Oberen Donaulände vor Anker lagen.

Hafenarbeiter beim Entladen eines Wagons am Umschlagplatz, 1929.

Wo sich heute der Donaupark mit dem Brucknerhaus und dem Kunstmuseum „Lentos" erstreckt, standen bis nach dem Hochwasser von 1954 die Lagerhäuser des Donauumschlagplatzes.

Im Stadthafen, dessen Bau während der NS-Zeit begonnen und der nach dem Krieg fertig gestellt wurde, herrscht geschäftiges Treiben.

Kohle und Erz stellten lange Zeit wichtige Umschlaggüter im Linzer Hafen dar.

Das Pferdeeisenbahngebäude auf dem Südbahnhof: Reminiszenz an die Zeit, als die Eisenbahn noch mit zwei PS auskam.

Der Geist der Monarchie weht noch über dem Linzer Hauptbahnhof. Die Aufnahme stammt aus dem Jahre 1905.

Der schienengleiche Übergang der Wiener Straße mit der Westbahn stellte ein großes Hindernis für den zunehmenden Verkehr dar. Erst mit dem Bau der Unterführung 1936/37 konnte das Problem gelöst werden.

Das Flair der weiten Welt vermittelt die Abfahrtshalle des Hauptbahnhofes im Jahre 1937.

Noch zieren Schrebergärten den Vorplatz des 1935/36 umgestalteten Hauptbahnhofes.

Sehr beliebt waren bei den Fahrgästen der Pöstlingbergbahn als steilster Adhäsionsbahn Europas die offenen Sommerwagen.

Den „Tramwayschienenschmirgler" hat es tatsächlich gegeben. 1930 wurden die Schleifarbeiten an den Straßenbahnschienen auf der Landstraße noch händisch durchgeführt.

Noch bevor Linz einen Flughafen besaß, war das Wasser als Start- und Landebahn von großer Bedeutung. Ein Wasserflugzeug, vertaut an einem Schleppkahn auf der Donau, 1924.

Der Zeppelin im Jahre 1913 über Linz. Die Stadtverwaltung hatte ein eigenes Alarmsystem ausgearbeitet, um der Bevölkerung die Ankunft des Luftschiffes zu melden.

Die Kunstflugvorführung am 14. Juni 1930 auf dem Flugfeld in der Katzenau erregte auch das Interesse von Graf Starhemberg.

Mit dem 1. Mai 1950 begann der zivile Luftverkehr auf dem von den Amerikanern besetzten Flughafen Hörsching.

Als wenn alle Autos aus Linz zusammengekommen wären: Ein Treffen von 180 Steyrer Automobilen im Jahre 1928 auf dem Hauptplatz.

Die 4. Internationale Veteranen-Rallye machte am 14. Mai 1965 in Linz Station.

Die zunehmende Motorisierung verlangte nach besseren Straßen. 1930 geschahen noch viele Arbeiten händisch.

Pflasterarbeiter in der Rudolfstraße 1931 beim Ausfugen der Pflastersteine mit Teer.

Vor den Unbilden der Witterung geschützt, regelt dieser Polizist den Verkehr an der Goethekreuzung, 1954.

Zur Verkehrsregelung an der Kreuzung Schmidtorstraße und Graben reichte 1930 ein Verkehrspolizist.

Die Autowerkstätte der Firma Jokisch im Jahre 1949. Von einem Massenandrang ist noch wenig zu spüren.

Trotz der zunehmenden Motorisierung ist das Pferdefuhrwerk noch nicht ganz verdrängt. Straßenszene vom Taubenmarkt, 1952.

7
Die Unterstadt

Mit dem Anwachsen der Städte im 19. Jahrhundert wuchs auf Grund der fehlenden Hygiene die Seuchengefahr enorm. Cholera-, Typhus- und auch Pockenepidemien sowie die Tuberkulose waren an der Tagesordnung. Sie konnten erst mit dem Bau eines Kanal- und Wasserleitungsnetzes eingedämmt werden. Zur Stadthygiene zählten aber auch die unter dem Begriff Stadtkonservation zusammengefassten Maßnahmen der Straßenbeschotterung und -pflasterung bis hin zur Reinigung und Schneeräumung, Kehrichtabfuhr und Straßenbeleuchtung. Für den Transport des Leuchtgases und der Elektrizität wurde zunehmend der Untergrund verwendet, sodass zusammen mit den Wasserleitungs- und Kanalsystemen eine völlig neue „Unterwelt" in den Städten entstand.

Neuerungen in der städtischen Müllabfuhr sind augenscheinlich. 1925 werden die einst pferdebespannten Kehrichtwagen von einem elektrisch betriebenen Sprengauto gezogen.

Die ersten (händisch gezogenen) Sprengwagen dienten weniger der Straßenreinigung als der Staubbekämpfung in heißen Sommern. Hier ein neues Modell für die Stadt Urfahr aus dem Jahre 1905.

Ganz anders der städtische Sprengwagen von 1949, der den Hauptplatz säubert.

Bau eines Brunnens für das Wasserwerk Urfahr zu Beginn des 20. Jahrhunderts.

Wer zur Zeit der Weltwirtschaftskrise als Straßenkehrer Arbeit fand, konnte sich glücklich schätzen.

Allezeit bereit präsentieren sich die Männer der Freiwilligen Feuerwehr im Jahre 1920.

Eine entsprechende Schutzkleidung machte den Straßenkehrer auf der Landstraße für die Verkehrsteilnehmer besser sichtbar.

8
Menschen und Schicksale

Nicht nur Kriegshandlungen, sondern auch Elementarereignisse und individuelle Unglücksfälle haben das Leben der Menschen immer wieder beeinflusst und oft einschneidend verändert. Elementarereignisse lassen sich nur schwer in den Griff bekommen. Die Donau und die Traun im Süden bedrohten mit ihren Hochwässern und den Eisstößen im Winter immer wieder größere Teile des Stadtgebiets und richteten große Schäden an, wie etwa das schwere Hochwasser von 1954. Brände vernichten immer wieder wertvolles Gut und die zunehmende Motorisierung und Technisierung lässt die Unfallziffer in die Höhe schnellen und birgt damit auch viel individuelles Leid.

Was für die Kinder ein Spaß zu sein scheint, war für die Betroffenen weniger lustig. Die überschwemmte Untere Donaulände, 1897.

Das Hochwasser im Jahre 1890 lässt die noch bestehende Strasserinsel mit dem Fabrikarm beinahe verschwinden.

An den im Wasser stehenden Kindern lässt sich ersehen, wie hoch die Donau 1897 in der Zollamtstraße war.

1899 stand das Wasser bis auf den Pfarrplatz. Im Hintergrund die Fuhrwerke der Boten.

Bis zu seiner endgültigen Kanalisierung im Ersten Weltkrieg hat der Füchselbach wie hier im Jahre 1909 immer wieder weite Teile der Vororte Waldegg und Lustenau überschwemmt.

Neugierig wird das Pegelhäuschen an der Oberen Donaulände im Juli 1954 wegen des ständig steigenden Wasserstandes der Donau belagert.

Die Helfer hatten 1954 alle Hände voll zu tun, um in den südlichen Stadtteilen das Vieh aus den Ställen zu retten.

Dass die Donau ein Gebirgsfluss ist, zeigt dieses Schiffsunglück an der Donaubrücke im Jahre 1935.

Schaulustige bei einem Unfall zwischen einem Fuhrwerk und der Bahn beim städtischen Wirtschaftshof in der Derfflingerstraße, 1922.

Nur rauchende Trümmer blieben beim Brand von Fischills Gasthof „Zum Schwarzen Rössl" in Urfahr, 1908.

Am 17. Mai 1919 fing der Dachstuhl der Pöstlingbergkirche nach einem Blitzschlag Feuer. Für die Pöstlingbergbahn ein gutes Geschäft, denn noch am nächsten Tag fuhr man „Feuerschauen".

In der Zwischenkriegszeit lebte ein Großteil der Bevölkerung in tristen Wohnverhältnissen.

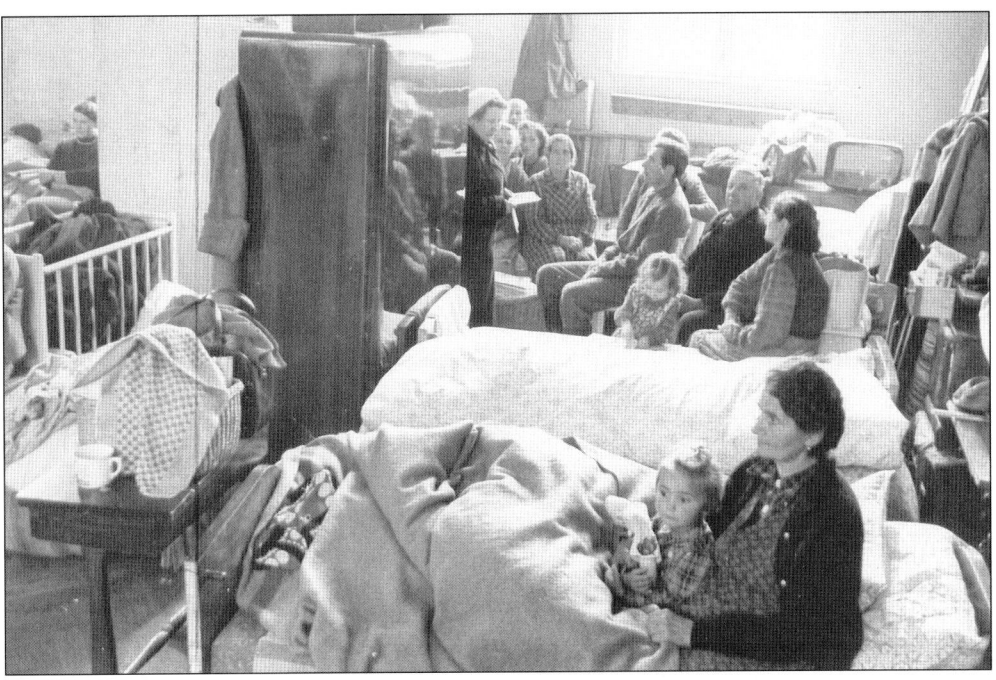

Beim Hochwasser von 1954 konnten viele Obdachlose nur notdürftig untergebracht werden.

Eistreiben auf der Donau im Jahre 1900. Die so genannten „bayerischen Krapfen" haben vor allem der alten Holzbrücke immer wieder schwer zugesetzt.

Gespannt wird am 30. Juni 1954 die Sonnenfinsternis vom Hauptplatz aus beobachtet.

9
Der Jugend eine Chance

Die Auflösung des Hausverbandes und der Zunftverfassungen, die steigenden Anforderungen der zunehmend industriellen Wirtschaft an Wissen und Bildung, der – wenn auch erst zögerliche – Eintritt der Frauen ins Berufsleben sowie die Entdeckung der bereits bei der Geburt angelegten Individualität des Menschen führten im 19. Jahrhundert zur Überzeugung, dass die Erziehung nicht mehr länger der Familie überlassen werden könnte. An ihre Stelle traten private (kirchliche) Institutionen (Don Bosco, Kolping), der Staat und politische Gruppierungen mit divergierenden Ideologien, die in der NS-Zeit gleichgeschaltet wurden. Ihnen allen schwebte als Ziel die Fürsorge an Kindern und Jugendlichen vor und deren Erziehung zu „wertvollen" Mitgliedern der (Industrie-)Gesellschaft. Diese Entwicklung wurde von einer Umkehr in der Bewertung der Kinder generell begleitet, auch auf emotionaler Ebene.

Gut aufgehoben fühlen sich die jüngsten Linzerinnen und Linzer im Garten des städtischen Kinderheims Scharitzerstraße, 1949.

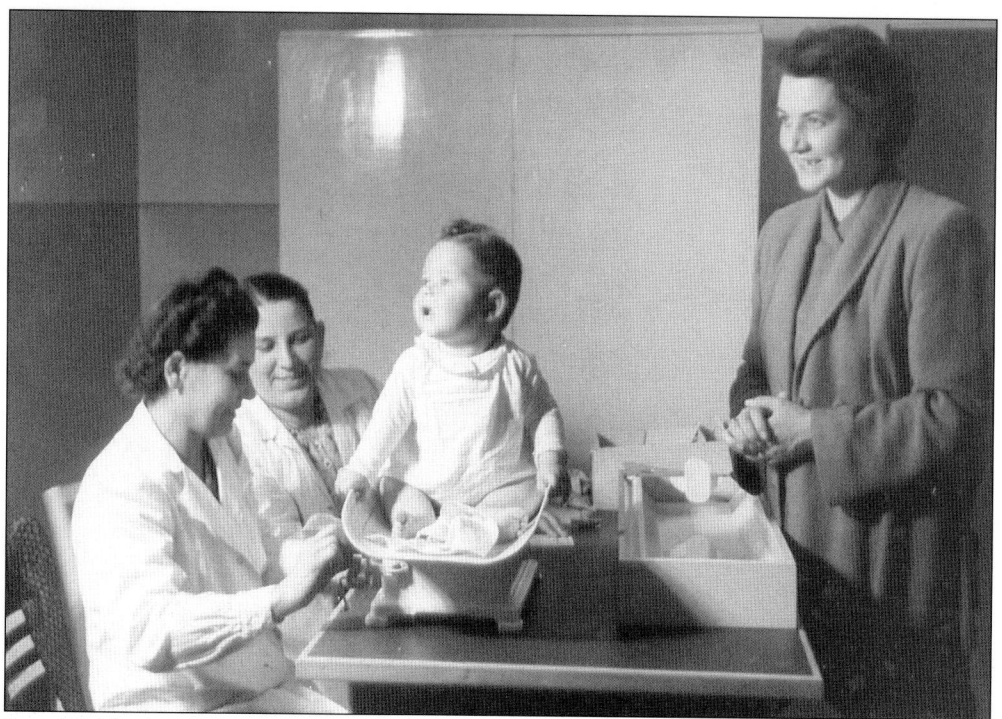

Zum Wohle der Kleinsten. Eine städtische Mutterberatungsstelle am Lonstorferplatz im Jahre 1950.

Mittagsschläfchen im städtischen Kinderheim an der Johannesgasse, 1952.

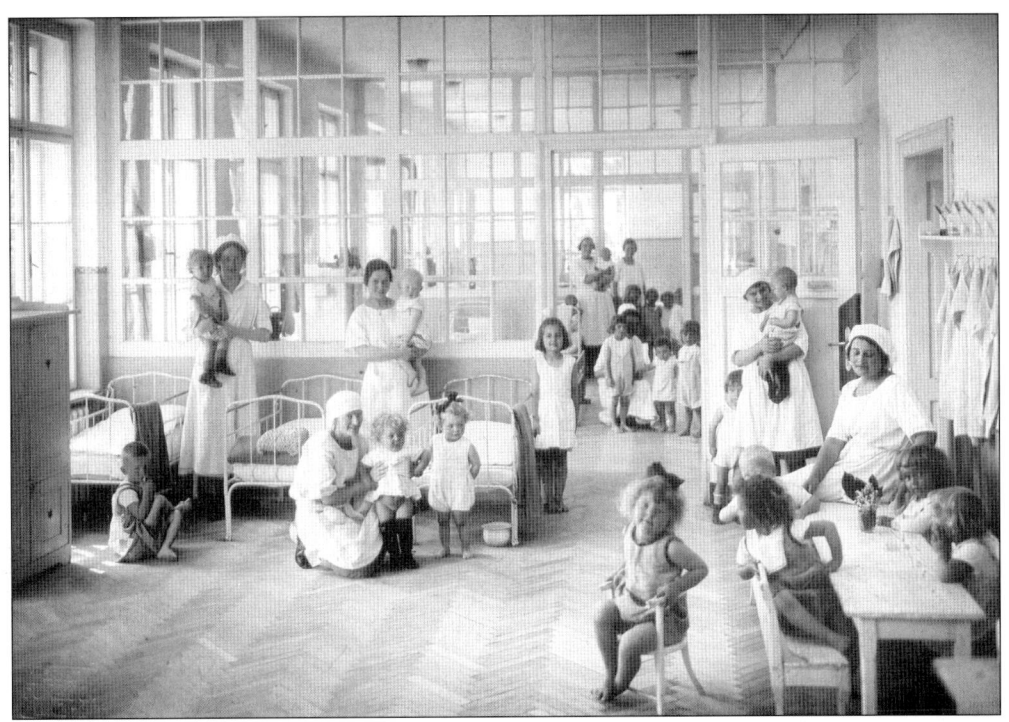

Die Kinderabteilung des Allgemeinen Krankenhauses im Jahre 1925.

Noch ist ein Auto nicht jedermanns Sache und daher auf dem Spielplatz für zukünftige Chauffeure äußerst willkommen.

Noch bis vor kurzem erfüllte das Schulhaus an der Pestalozzistraße in Kleinmünchen denselben Zweck wie vor dem Ersten Weltkrieg.

Worauf warten die Mädchen vor dem Eingang der Urfahrer Kirchenschule im Jahre 1924 so ganz ohne Schulranzen?

Freudige Erwartungen beim Kindertransport nach Dänemark im Mai 1949.

Bürgermeister Koref empfängt Hamburger Kinder, die nach der großen Flutkatastrophe einen Erholungsaufenthalt in Linz verbringen, 1961.

Die von den Amerikanern und der UNICEF geförderte Schulausspeisung half über die ärgsten Nöte der Nachkriegszeit hinweg.

Festliches Singen der Kindersingschule im Kaufmännischen Vereinshaus im Jahre 1955.

Jung und Alt als begeisterte Leser in der städtischen Bücherei, 1954.

Früh den Gefahren des Verkehrs begegnen. In der Verkehrsschule lernen die Kinder spielerisch die Verkehrsregeln, 1958.

Am 8. Oktober 1966 wurde Linz offiziell Hochschulstadt. Bundespräsident Franz Jonas nimmt die Eröffnung der Johannes-Kepler-Universität vor.

Studenten der Kunstschule beteiligen sich eifrig am Aktzeichnen, 1948.

10
Lust des Lebens

Je nach dem gesellschaftlichen Status war die Möglichkeit zur Gestaltung der Freizeit seit dem 19. Jahrhundert höchst unterschiedlich. Was für die heutige „Unterhaltungsgesellschaft" selbstverständlich ist, hat sich im Laufe der Zeit erst allmählich entwickelt. Dies trifft auf die Herausbildung verschiedener Sportarten genau so zu, wie auf das Freizeitverhalten insgesamt. So ließ sich für bemitteltere Bevölkerungsschichten die Sommerfrische auch in der unmittelbaren Umgebung der Stadt genießen. Erholung konnte bereits der Weg in eines der zahlreichen Ausflugsgasthäuser in und um Linz bedeuten. Dazu kamen aber auch die Vergnügungen, die durch den Jahreskreislauf bestimmt waren wie etwa der Fasching. Und natürlich gab es auch damals schon „Highlights", z.B. den Besuch des Kaisers als absolute VIP der Monarchie.

Das höchste, was einem im Leben eines Schützen widerfahren konnte: Am 9. Juni 1903 besuchte Kaiser Franz Joseph das Landesschießen in Kleinmünchen.

1880 wurde in der Schwimmschule am Ufer der Strasserinsel noch streng nach Geschlechtern getrennt gebadet.

Vor dem Kolosseum auf dem Hessenplatz ziehen die ersten Eisläufer ihre Runden, 1892.

Baden in den Flüssen war eine Selbstverständlichkeit. Das Strombad an der Oberen Donaulände, im Vordergrund die städtische Waschzille, 1903.

Sein 50-jähriges Bestehen feierte der Turnverein 1862 im Jahre 1912 auf dem Südbahnhofgelände mit Massenfreiübungen.

Seit 1906 begeistert die Grottenbahn auf dem Pöstlingberg auch Erwachsene.

Ein Eldorado für Kinder und Spaziergänger war der ehemalige Urfahrer Stadtwald, der heutige Urnenfriedhof.

Der Gasthof „Seyrlufer" in St. Peter war um 1900 ein beliebtes Ausflugsziel der Linzer.

So mag es ausgesehen haben, als der später berühmte Tenor Richard Tauber hier geboren wurde: Beim „Schwarzen Bären" an der Herrenstraße traf sich vor dem Ersten Weltkrieg die créme de la créme von Linz.

Ein Spiel des LASK lockte 1931 wesentlich mehr Besucher an als heute.

Wegen der Besatzungszonen war eine reguläre Meisterschaft noch nicht möglich, also spielten Bundesländer gegeneinander: Oberösterreich gegen Steiermark vor tausenden Fans, 1947.

Sport wurde bei den Nationalsozialisten groß geschrieben. Skiwettkämpfe der Freizeit-Organisation „Kraft durch Freude" auf dem Lichtenberg bei Linz, 1942.

1947 waren beim Fasching in Urfahr die Narren wieder los.

Keine Unterhaltung ging ohne sie: die Magistratsmusik unter Kapellmeister Sepp Froschauer war in der Nachkriegszeit bei offiziellen Anlässen ebenso gefragt wie bei Bällen oder Konzerten.

Noch bis in die Fünfzigerjahre konnte man die Skispringer auf der Schanze auf dem Pöstlingberg bewundern.

SportlerInnen des ASKÖ beim Maiaufmarsch im Jahre 1949.

Der Tscheche Fiala als glücklicher Sieger des Marathonlaufes im Ziel auf der Oberen Donaulände, 1949.

Start zur letzten Etappe der Österreich-Radrundfahrt im Jahre 1949 auf dem Hauptplatz mit dem Tourleader Richard Menapace im Vordergrund.

Mit einem gekonnten Startsprung wird 1955 das Sportbecken im Parkbad eröffnet.

Ein heißes Doppelmatch auf dem neuen Tennisplatz an der Wankmüllerhofstraße, 1957.

Sutton Verlag
BÜCHER AUS ÖSTERREICH

Wien - 1. Bezirk. Innere Stadt
(Ernst Grabovszki)
3-89702-467-5 / 18,90 € [A] unverbindliche Preisempfehlung

Innbruck. Menschen und Bilder
(Josefine Justic und Roland Kubanda)
3-89702-362-8 / 18,90 € [A] unverbindliche Preisempfehlung

Graz
(Karl Albrecht Kubinzky)
3-89702-270-2 / 17,90 € [A] unverbindliche Preisempfehlung

Bruck an der Mur
(Friedrich Zwitkovits)
3-89702-180-3 / 17,90 € [A] unverbindliche Preisempfehlung

Enns. Verlorenes und Erinnerungen
(Dietmar Heck und Wolfgang Haager)
3-89702-330-X / 18,90 € [A] unverbindliche Preisempfehlung

Leoben
(Susanne Leitner-Böchzelt)
3-89702-408-X / 18,90 € [A] unverbindliche Preisempfehlung

SUTTON VERLAG